Inhalt

Umstrittene Leasingbilanzierung - neue Reformvorschläge veröffentlicht

Kernthesen

Beitrag

Fallbeispiele

Weiterführende Literatur

Impressum

Umstrittene Leasingbilanzierung - neue Reformvorschläge veröffentlicht

Annett Kaindl

Kernthesen

- Der IASB hat im Mai 2013 den Standardentwurf - Leasingverhältnisse - veröffentlicht.
- Dieser Entwurf sieht eine fundamentale Änderung bei der Bilanzierung von Leasingverhältnissen vor.
- Künftig werden beinahe sämtliche Leasingverhältnisse in der Bilanz des Leasingnehmers abgebildet.
- Die vielfach kritisierte Praxis der Off-Balance-Sheet-Bilanzierung von

Leasingverträgen wird stark eingeschränkt.

Beitrag

Gründe für die Überarbeitung der aktuellen Leasingvorschriften

Im Mai 2013 hat das International Accounting Standards Board (IASB) mit dem Standardentwurf ED/2013/6 "Leasingverhältnisse" neue Regelungen zur Bilanzierung von Leasingverträgen vorgeschlagen. Im Kern sieht der Entwurf Folgendes vor: Vermögenswerte und Verbindlichkeiten für sämtliche Rechte und Verpflichtungen, die aus Leasingverhältnissen mit einer Laufzeit von mehr als zwölf Monaten resultieren, sind bilanziell beim Leasingnehmer zu erfassen. Mit dem aktuellen Vorschlag soll die vielfach kritisierte Praxis der Off-Balance-Sheet-Bilanzierung von Leasingverträgen eingeschränkt werden. Es wurde das Ziel verfolgt, den Bilanzlesern ein umfassendes Bild über die Leasingverhältnisse eines Unternehmens zu geben. (2), (3), (6)

Ein Großteil der Leasingverträge wird bisher nicht in den Bilanzen abgebildet. Das hat zur Folge, dass Investoren über die Finanzverschuldung im Unklaren gelassen werden. Der IASB hat die Problematik erkannt. Im August 2010 präsentierte das Board den Standardentwurf ED/2010/9, der den bilanziellen Ausweis der aus einem Leasingvertrag resultierenden Rechte und Pflichten bei beiden Vertragsparteien als Regelfall vorsah. Der Entwurf stieß in Theorie und Praxis auf massive Kritik. Bemängelt wurden neben konzeptionellen Unzulänglichkeiten insbesondere die Komplexität der Regelungen und die mit ihnen verbundenen Ermessensspielräume. Die vorgebrachte Kritik war so schwerwiegend, dass sich der IASB dazu veranlasst sah, einen zweiten Anlauf zu nehmen. (1), (5), (6)

Der Anwendungsbereich des ED/2013/6 ist weit gefasst: Unter ihn fallen alle Rechtsverhältnisse, die bei Vertragsabschluss auf die entgeltliche temporäre Nutzungsüberlassung eines konkreten Vermögenswerts gerichtet sind, das heißt sämtliche Nutzungsverträge. (1)

Differenzierung der Leasingverhältnisse in Typ-A- und Typ-B-Verträge

Die derzeit anzuwendenden Bilanzierungsvorschriften differenzieren zum Zwecke einer Vermögenszuordnung nach dem wirtschaftlichen

Eigentum zwischen Finanzierungsleasing und operativem Leasing. Der Entwurf ersetzt dieses zweigliedrige Modell durch ein ebenfalls zweigliedriges Konzept, welches eine Unterscheidung nach dem Verbrauchsprinzip vornimmt und die Leasingverhältnisse in Typ-A- und Typ-B-Verträge klassifiziert.

Bei Typ-A-Verträgen gibt der Leasingnehmer das Objekt am Vertragsende in einem verbrauchten Zustand zurück. Der Leasinggeber überlässt ihm das gesamte Objekt zur Nutzung und verlangt eine Vergütung für die Finanzierung der Anschaffungs- oder Herstellungskosten des Gegenstands während der Vertragsdauer. Darüber hinaus "verkauft" der Leasinggeber dem Leasingnehmer den Teil des Nutzenpotenzials, das im Vermögenswert steckt und von diesem während der Nutzungsdauer verbraucht wird. Der Leasinggeber fordert dafür eine angemessene Entschädigung.

Bei Typ-B-Verträgen erleidet das Leasingobjekt während der Vertragslaufzeit grundsätzlich keinen Wertverlust. Der Leasinggeber erhält es am Ende der Vertragsdauer praktisch in demselben Zustand zurück und fordert eine Vergütung, die primär seine Refinanzierungsleistung abdeckt.

Leasingverhältnisse über Mobilien gelten als Typ A. Sie sind nur dann ausnahmsweise Typ B zuzurechnen, wenn die Vertragslaufzeit einen unbedeutenden Teil der gesamten Nutzungsdauer des Vermögenswerts ausmacht, sodass der Verbrauchseffekt nicht ins Gewicht fällt, oder wenn der Barwert der vereinbarten Leasingraten im Vergleich zum Marktwert des Vermögenswerts vernachlässigbar ist.

Leasingverhältnisse über Immobilien gelten als Typ B. Sie dürfen ausnahmsweise der Typ-A-Kategorie zugeordnet werden, wenn die voraussichtliche Vertragslaufzeit den überwiegenden Teil der wirtschaftlichen Nutzungsdauer der Immobilie umfasst. Eine Zuordnung zu Typ A erfolgt auch dann, wenn der Barwert der vereinbarten Leasingraten nahezu dem Marktwert des Vermögenswerts entspricht. (1)

Wie muss der Leasingnehmer zukünftig bilanzieren?

Die aktuellen Rechnungslegungsvorschriften sehen nur beim Finanzierungsleasing eine Bilanzierung beim Leasingnehmer vor, so als würde ihm das geleaste Objekt gehören. Beim operativen Leasing wird der Leasinggegenstand dagegen beim Leasinggeber in der Bilanz ausgewiesen. Der Leasingnehmer bucht die vereinbarten Leasingraten lediglich als Aufwand in der Gewinn- und Verlustrechnung.

Die Unterscheidung zwischen operativem und finanziellem Leasing entfällt künftig beim Leasingnehmer. Er muss alle Leasingobjekte in seiner Bilanz zeigen, es sei denn, es geht um Laufzeiten unter zwölf Monaten; diese sind weiterhin von der Bilanzierungspflicht ausgenommen. (6)

Da der Leasinggegenstand juristisch nicht in das Eigentum des Leasingnehmers übergeht, muss dieser ein Nutzungsrecht am Gegenstand aktivieren und auf der Passivseite als Gegenposition die Verbindlichkeiten (zu zahlende Leasingraten) passivieren. (3)

Die Folgebilanzierung hängt vom Charakter des Vertrags ab. Hat der Leasingvertrag eher Finanzierungscharakter, wird das Nutzungsrecht linear abgeschrieben, und zwar getrennt vom Zinsaufwand. Bei Leasingverträgen mit operativem Charakter orientiert sich die Wertanpassung an einem gleichmäßigen Gesamtleasingaufwand aus Abschreibung und Zins über die Laufzeit. (6)

Entsprechend dieser Differenzierung ist für die meisten Immobilienleasingverhältnisse eine lineare Aufwandserfassung über die Laufzeit des Leasingvertrags vorgesehen. Für die meisten anderen Leasingverhältnisse (wie zum Beispiel im Fall von Ausrüstungsgegenständen oder Fahrzeugen) hat der Leasingnehmer einerseits die Abschreibung in Bezug auf das aktivierte Nutzungsrecht und andererseits den Zinsaufwand aufgrund der Folgebewertung der Leasingverbindlichkeit nach der Effektivzinsmethode zu erfassen. (4)

Wie muss der Leasinggeber zukünftig bilanzieren?

Analog zum Leasingnehmer muss auch der Leasinggeber eine Zuordnung der Leasingverhältnisse in Typ A und Typ B anhand der vorgegebenen Kriterien vornehmen.

Bei Typ A erfolgt eine Ausbuchung des Leasingobjekts und gleichzeitig der Ansatz einer Leasingforderung und gegebenenfalls eines Restvermögenswerts. Die Leasingforderung ist grundsätzlich nach den gleichen Grundsätzen zu bewerten wie die Zahlungsverpflichtung auf Seiten des Leasingnehmers. Die erwarteten Zahlungen sind mit ihrem Barwert anzusetzen. Der Restvermögenswert beinhaltet zum einen den Barwert der während des Vertragszeitraums voraussichtlich anfallenden variablen Vergütungen, die noch nicht in der Leasingforderung enthalten sind. Zum anderen umfasst dieser auch den Barwert der finanziellen Vorteile, die der Leasinggeber aus der Weiterverwertung des Leasingobjekts nach Vertragsablauf erwartet.

Die Bilanzierung nach Typ B entspricht weitestgehend den derzeitigen Regelungen. Der Leasinggeber bilanziert den zur Nutzung überlassenen Vermögenswert nach den allgemeinen Rechnungslegungsvorschriften und realisiert den Leasingertrag gemäß dem Leistungsverlauf. (1), (5)

Trends

Die neuen Regelungen sind zunächst noch einmal ein Vorschlag, der bis September 2013 kommentiert und kritisiert werden konnte. Anschließend werden die endgültigen Regelungen verabschiedet, die für alle Anwender von IFRS bindend sein werden. Ein finaler Standard ist nicht vor 2014 geplant, die Erstanwendung erfolgt frühestens im Geschäftsjahr 2017. Die Unternehmen, die umfangreiche Leasingverhältnisse abgeschlossene haben, ob als Leasingnehmer oder -geber, sollten sich frühzeitig mit den neuen Regelungen zur Leasingbilanzierung vertraut machen. Wie stark ein Unternehmen betroffen ist, richtet sich neben der Anzahl und der Komplexität der Leasingverträge auch beispielsweise nach der internen Organisation und der vorhandenen IT-Struktur. (3), (5)

Fallbeispiele

Internationale Fluggesellschaften müssen sich darauf einstellen, dass sie in ihren Bilanzen künftig deutlich höhere Verbindlichkeiten abbilden werden. Die geplanten Änderungen an den Bilanzierungsvorschriften für Leasingverträge würden allein die 20 größten Fluggesellschaften mit zusätzlichen Schulden von über 100 Milliarden US-Dollar belasten. Das ist das Ergebnis einer aktuellen Analyse der Wirtschaftsprüfungs- und Beratungsgesellschaft KPMG. Insbesondere Fluggesellschaften mit einem hohen Anteil an geleasten Flugzeugen müssen sich auf weitreichende Folgen durch die neuen Bilanzierungsvorschriften einstellen. (2)

Die Leasingexperten Jörg Bösser und Christoph Piesbergen von der Wirtschaftsprüfungsgesellschaft Ernst & Young weisen darauf hin, dass die neue Leasingbilanzierung auch jenseits der Buchführungstechnik gravierende Folgen hat. Da in der Bilanz höhere Schulden auszuweisen sind, wird die Bilanz verlängert. Das führt zwangsläufig bei sonst gleichbleibenden Zahlen zu einer Verringerung der Eigenkapitalquote und damit der Kreditwürdigkeit. (3)

Weiterführende Literatur

(1) ED/2013/6 "Leases": neue Bestimmungen für

Miete, Pacht und Leasing
aus Betriebs Berater Heft 29/2013 Seite 1707

(2) Wochenüberblick
aus Betriebs Berater Heft 34/2013 Seite 2025

(3) Alle Flugzeuge und Autos kommen in die Bilanzen
aus Frankfurter Allgemeine Zeitung, 21.05.2013, Nr. 115, S. 26

(4) Wochenüberblick
aus Betriebs Berater Heft 22/2013 Seite 1321

(5) Neue Leasingbilanzierung rückt näher
aus Börsen-Zeitung, 14.09.2013, Nummer 177, Seite 10

(6) Flugzeuge landen in der Bilanz Neuer Entwurf zur Leasing-Rechnungslegung grenzt Gestaltungsspielraum ein - Erhebliche Auswirkungen
aus Börsen-Zeitung, 17.05.2013, Nummer 93, Seite 9

Impressum

Umstrittene Leasingbilanzierung - neue Reformvorschläge veröffentlicht

Bibliografische Information der deutschen Nationalbibliothek

Die Deutsche Nationalbibliothek verzeichnet diese Publikation in der deutschen Nationalbibliografie; detaillierte bibliografische Daten sind im Internet über http://dnb.d-nb.de abrufbar.

ISBN: 978-3-7379-1428-4

© 2015 GBI-Genios Deutsche Wirtschaftsdatenbank GmbH, Freischützstraße 96, 81927 München, www.genios.de

Alle Rechte vorbehalten. Dieses Werk ist einschließlich aller seiner Teile – z.B. Texte, Tabellen und Grafiken - urheberrechtlich geschützt. Jede Verwertung außerhalb der Grenzen des Urheberrechtsgesetzes bedarf der vorherigen Zustimmung des Verlags. Dies gilt insbesondere auch für auszugsweise Nachdrucke, fotomechanische

Vervielfältigungen (Fotokopie/Mikroskopie), Übersetzungen, Auswertungen durch Datenbanken oder ähnliche Einrichtungen und die Einspeicherung und Verarbeitung in elektronischen Systemen.